SOUVENIR DU 8 SEPTEMBRE 1880

MARIAGE

DE

M. Charles-Louis-Joseph NIEL

Député de la Haute-Garonne

AVEC

Mlle Laurence-Angélique-Hyacinthe de PISTOYE

CÉLÉBRÉ

en l'Eglise Saint-François-Xavier de Paris

ALLOCUTION

DU R. P. DOYOTTE, DE LA COMPAGNIE DE JÉSUS

C'est Dieu, *dit la Sainte Écriture*, qui fait les alliances.

Il suscite d'où il lui plaît les âmes qu'il destine l'une à l'autre; il les prépare longtemps dans des secrets desseins de Providence, puis il les rapproche par des attraits doux et forts; lui-même descend en elles et consacre par la puissance de son autorité et l'onction de sa grâce, l'alliance de deux races, l'unité indissoluble de deux cœurs et de deux vies : il fait une union pour toujours dans les joies et dans la force d'un saint mariage.

C'est ainsi que Dieu faisait au premier jour. Il forma premièrement l'homme dans le plein épanouissement de la vigueur, de l'autorité et de la bonté, puis il tira de lui, pour lui faire une compagne et un secours, un être semblable à lui, à qui il donna les tendresses et la grâce, toutes les puissances de l'amour, et toutes les ressources du dévouement. Et, quand il l'eut ainsi enrichi de tous les trésors du cœur et des charmes de la vie, Dieu, dit l'Écriture, *l'amena devant le premier homme, et le premier homme, acceptant des mains de Dieu la compagne de sa vie, prophétisa dans la joie de son cœur, et il dit :* Voici l'os de mes os, et la chair de ma chair..... l'homme abandonnera son père et sa mère pour s'attacher à son épouse, et ils seront deux en une seule chair.

Le mariage était fondé; la main même de Dieu en avait formé les nœuds.

L'humanité tout entière a gardé ce souvenir, et les païens eux-mêmes ont eu un certain sens de ces choses.

Chez tous les peuples et dans tous les temps, l'union qui fonde la famille, cette alliance de deux sangs, de deux vies, a été mise sous le contrôle et sous la protection du ciel. Le ciel semblait s'entr'ouvrir au-dessus de la tête des jeunes époux ; les familles qui s'empressaient tout autour pour être témoins et pour bénir, appelaient des influences supérieures, et, au moment où les époux se juraient la fidélité, des divinités spéciales présidaient à l'union et en consacraient la valeur.

Dieu préparait et consacrait lui-même les unions chez le peuple qu'il s'était choisi : « C'est le Seigneur qui s'est fait entendre, *disaient Laban et Bathuel*, voici Rebecca devant vous..... Qu'elle soit l'épouse du fils d'Abraham, comme Dieu lui-même l'a commandé.

Qui ne connaît le touchant récit du mariage du fils de Tobie ? Dieu avait écarté par une providence maternelle tous les prétendants indignes de la jeune Sara. Sept fois déjà les jeunes hommes auxquels elle avait pensé s'unir, avaient été frappés de mort à ses pieds avant d'avoir pu devenir ses époux. Lorsqu'enfin celui que le ciel tenait en réserve pour son bonheur est arrivé dans sa maison, lorsqu'après avoir prié Dieu, les parents ont compris la volonté divine, le père, dit l'Écriture, prend la main de sa fille et la met lui-même dans celle du jeune Tobie ; puis, élevant la voix, il prononce ces solennelles paroles que l'Eglise a recueillies pour les redire aujourd'hui sur vos cœurs et sur vos vies : Que le Dieu d'Abraham, le Dieu d'Isaac, le Dieu de Jacob soit avec vous ! Que lui-même vous unisse, et qu'il accomplisse en vous sa bénédiction féconde !

Ensuite, *dit l'Écriture,* on écrivit le contrat, et on célébra le festin nuptial, en rendant au ciel mille actions de grâce.

Vous l'avez compris ainsi, vous, mon bien cher Frère, et vous, ma très-chère Fille : c'est Dieu qui fait les unions. C'est lui-même qui, après avoir si doucement et si fortement rapproché vos cœurs, va les unir et lier ensemble vos deux existences par le nœud indissoluble et sacré d'un sacrement plein de grandeur et de sainteté dans le Christianisme et dans l'Eglise.

Le Seigneur Jésus a sanctifié par sa présence à Cana les unions conjugales qui se célèbreront à jamais au sein de l'Eglise ; les Apôtres ont compris ce mystère et l'ont appelé grand *parmi tous les mystères de la religion, et voici que l'Eglise, l'héritière des promesses, la dépositaire de tous les pouvoirs de son chef, vous ouvre solennellement aujourd'hui son temple et vous introduit dans le sanctuaire, jusqu'au pied de l'autel. Pour vous elle a entonné des hymnes, allumé ses flambeaux, rempli les cœurs d'harmonies suaves et de saintes émotions; elle a pris ses habits de fête et célèbre visiblement une solennité joyeuse à laquelle elle convie tout à la fois le ciel et la terre.*

La terre, ses richesses et ses joies, ses bénédictions, ses gloires, ses espérances et ses vœux sont ici.

Voici vos amis les plus dévoués, et vos parents les plus chers. Tout autour de vous battant à l'unisson du vôtre, voici les cœurs de vos frères et de vos sœurs, ceux-là que vous avez chéris et que vous avez élevés comme vos fils, vous, ma bien chère Fille, et celle qui fut pour vous, mon Frère, l'ange, le confident, l'appui de votre jeunesse. Les âmes elles-mêmes des absents qui vous ont précédés dans la vie, les âmes de vos pères et de vos mères qui avaient désiré si ardemment voir ce jour pour vous bénir, tressaillent et sont avec nous.

Et du passé, des traditions de vos familles, et, pour ainsi dire, de chacun de vos ancêtres, voici des rayons et des gloires venus jusqu'à vous, et faisant autour de vos têtes une couronne de vertu et d'honneur, depuis les vertus aimables, solides et chrétiennes de la vie privée, jusqu'à l'honneur des importants services rendus dans les charges et les plus hautes magistratures du pays, et jusqu'aux gloires si fièrement nationales et si éminemment françaises que l'on ne conquiert qu'à la pointe de l'épée et à travers tous les hasards des combats.

Vous le savez bien, Monsieur, il est des noms restés grands malgré les deuils de la patrie, et qui sont devenus synonimes de mâle et noble intégrité, d'intelligence, de fidélité et de bravoure ; le vôtre est toute une gloire, et, malgré la modestie que l'on vous connait, les populations qui vous ont vu naître ne s'y sont point trompées, quand avec une rare intelligence et dans un parfait sentiment de justice, elles vous confiaient naguère pour la seconde fois l'honneur de défendre contre l'oppression du moment la liberté de l'Eglise et l'âme de la France.

Et, parmi toutes ces gloires, au milieu de ce champ de l'honneur et de la vertu, comme deux fleurs qui sont sœurs, vous voici prêts à mêler ensemble les richesses dont vos cœurs débordent, et les trésors dont vos vies sont déjà pleines. Dieu vous avait fait éclore à part, et vous tenait en réserve, mais il vous destinait l'un à l'autre, lui-même vous disposait, il vous formait et vous enrichissait d'avance l'un pour l'autre.

Vous-mêmes avez répondu à ces desseins. Ne vous connaissant pas encore, mais vous aimant déjà saintement dans le secret des pensées de Dieu, vous avez préparé, pour vous les donner au jour de votre alliance, les trésors les plus précieux, non pas uniquement les dons de la fortune qui est inconstante! et sur laquelle rien ne repose, non pas seulement la beauté et les grâces si fragiles et si souvent trompeuses, mais les âmes, et dans les âmes, la vérité, la fermeté des principes, la même foi, les mêmes croyances, et, avec toutes les richesses de la foi, ce qu'une éducation aussi solide que brillante peut donner de valeur et de charmes à votre vie.

Surtout vous avez enrichi le cœur. Dès votre plus tendre enfance, vous l'aviez tous deux gardé avec un soin jaloux ; vous l'avez entouré d'innocence aux jours périlleux de votre adolescence, vous avez veillé sur sa tendresse, la fraîcheur, l'intégrité et la force de ses affections, pour vous faire, ici, devant Dieu, sous les yeux de tous, un don plus complet et plus précieux au jour de votre allégresse et de votre union.

Et pour cimenter cette union, pour vous garder ces dons de la foi et de l'intelligence, de votre amour et de vos vertus, pour garantir vos serments, voici Dieu lui-même : le ciel intervient. Le temple a résonné des cantiques sacrés, l'autel de l'agneau a ses parures, les Anges descendent de leur gloire pour vous conduire à l'autel, et sur l'autel la sainte victime, le Fils du Très-Haut tout-à-l'heure sera présent, car il faut toutes les bénédictions d'en haut et toutes les prières d'ici-bas pour vous accompagner dans le grand acte qui va s'accomplir.

Venez donc, mon bien cher Frère et ma très-chère Fille ; vous êtes dignes l'un de l'autre, et Dieu qui vous a ainsi préparés dans le secret, va lui-même vous unir et réaliser en vous le grand sacrement dont parle l'Apôtre. Me voici en son nom, l'Eglise m'a députe pour tout constater, pour tout surveiller dans un acte si grave, mais je ne suis qu'un témoin, je n'ai qu'un rang secondaire.

C'est vous qui allez réaliser par votre engagement sacré les mystérieuses opérations de la grâce et la vertu même de votre union ; ou plutôt c'est Dieu, car Dieu est ici en chacun de vous pour s'exprimer par vos paroles, produire le sacrement et consacrer vos personnes dans la possession de vos droits réciproques et dans l'unité de votre vie nouvelle.

Ainsi, ô femme, comme s'exprime l'Apôtre Saint Paul, vous n'aurez plus puissance sur votre cœur et sur vous-même, vous l'aurez conférée à un autre ; et vous, ô mon Frère, vous n'aurez plus à disposer de votre vie, puisque vous aurez cédé ce pouvoir.

Il y aura un don mutuel, une transmission de tous les trésors que vous aviez préparés ; vous en direz les termes, vous exprimerez vos engagements, mais c'est Dieu lui-même qui fera l'union et qui consacrera dans les sublimités du sacrement l'alliance que vous avez rêvée dans les saintes ardeurs de vos désirs.

C'est pourquoi, c'est parce que Dieu est ici dans vos pensées élevées, dans les chastes secrets de votre amour et dans la toute-puissance de la grâce de son sacrement, qu'il y a dans cette cérémonie tant d'allégresse, tant de contentement pour vos cœurs, et comme une prophétie de bonheur pour l'avenir.

C'est là votre sécurité et la solidité de votre union. C'est en Dieu que vous trouverez, et c'est de Dieu que vous viendront, avec la grâce du sacrement, la force et la constance, la fidélité et l'amour, les joies pures et les saintes espérances. Dieu vous suivra partout, vous soutiendra parmi les difficultés et vous guidera dans vos voies. Toujours on vous verra sous son regard, près de lui, unis dans la prière, unis dans les manifestations du culte, agenouillés ensemble dans le secret du foyer que Dieu bénira, ensemble assis à cette table de la divine nourriture où le sang et l'amour de Jésus scelleront en vous et uniront à jamais ensemble les flots de votre sang, les palpitations de vos cœurs, vos deux vies, en un même esprit, en un même amour et en une seule vie.

C'est là aussi, dans cette piété et dans ces joies, tandis que Dieu restera entre vos cœurs ainsi rapprochés en sa grâce, que votre mutuel amour puisera ses charmes toujours nouveaux et sa perpétuelle constance. Les tristes dissentiments ne pourront naître entre des âmes si fortement et si tendrement unies, et vous nous donnerez le gracieux et touchant spectacle dont l'Apôtre nous montre l'idéal dans l'union de Jésus-Christ et de son Eglise : Il met en elle toutes ses complaisances, et elle en lui toute sa gloire; il la console, il la protège et la soutient, et elle ne veut avoir de confiance, elle ne veut espérer d'appui et de salut qu'en lui ; il la gouverne avec sagesse, et elle partage son autorité avec subordination; il la dirige par ses lumières, et elle l'écoute avec docilité; attentif à tous ses besoins, il y pourvoit avec libéralité comme elle le sert avec empressement et affection ; pour lui enfin elle se dépense et se dévoue, tandis que pour elle tous les jours lui-même s'immole et se sacrifie.

Ainsi, cher ami, vous aimerez votre épouse comme un trésor que Dieu vous confie, comme une compagne qui n'a au cœur d'autre désir que de se consacrer à votre bonheur ; vous lui serez uni à jamais par la foi et par le cœur, dans la religion et dans l'amour ; vous serez son guide et son conseil, son protecteur et son appui, le modèle qui l'encourage, l'ami fidèle qui l'assiste tous les jours de votre commune existence.

Et vous, ma Fille, vous aimerez cet ami de votre âme comme votre chef et votre soutien ; vous serez avec lui en conformité de vues et de sentiments ; vous répondrez à ses soins par votre bonté, à son dévouement par vos tendresses ; vous partagerez ses préoccupations et ses peines, vous en adoucirez les amertumes par ces délicates attentions et ces douces prévenances dont une épouse a le secret et que vos qualités personnelles et votre piété rendront encore plus aimables ; vous posséderez son cœur et ferez son bonheur tous les jours de sa vie.

Dieu d'Abraham, d'Isaac et de Jacob, Dieu de nos pères, qui bénissez les unions et les rendez heureuses, saintes et fécondes, qui avez préparé celle-ci et rapproché ces deux âmes si dignes l'une de l'autre, écoutez nos prières et soyez vous-même dans nos bénédictions !

Que la rosée de votre grâce descende sur cette nouvelle famille qui va vous être consacrée ! Que cet époux, ami de la piété et de la justice, des chastes pensées et *des nobles sentiments, fleurisse comme le palmier, multiplie comme le cèdre du Liban!... Que sa jeune épouse croisse et s'attache à lui comme une vigne abondante qui répand ses parfums et se charge de fruits précieux! Que ses enfants, comme des grappes pressées, soient suspendus dans ses bras, ou l'environnent comme de tendres olives et fassent son honneur et sa joie!*

O Dieu, qu'ils soient toujours heureux, toujours bénis, et, qu'après les jours d'ici-bas passés sans nuage, ils se retrouvent au-delà de cette vie et du tombeau pour continuer dans le ciel cette amitié sainte, pure, inviolable qu'ils vont se jurer au pied des autels et que nous allons bénir. Ainsi soit-il.

Imprimerie coopérative de Reims, rue Pluche, 24

www.ingramcontent.com/pod-product-compliance
Lightning Source LLC
Chambersburg PA
CBHW071437060426
42450CB00009BA/2217